Maite J. Guzmán

Juego y aprendo a colocar los

acentos

ORTOGRÁFICOS

imaginador

Maite J. Guzmán
    Juego y aprendo a colocar los acentos
    ortográficos - 1ª. ed. - Buenos Aires:
    Grupo Imaginador de Ediciones, 2006.
    32 p.; 28x20 cm.

    ISBN: 950-768-551-0

    1. Material Auxiliar de Enseñanza.
    CDD 371.33

Primera edición: junio de 2006

I.S.B.N.-10: 950-768-551-0
I.S.B.N.-13: 978-950-768-551-4

Se ha hecho el depósito que establece la ley 11.723
© GIDESA, 2006
Bartolomé Mitre 3749
Ciudad Autónoma de Buenos Aires
República Argentina
Impreso en Argentina - Printed in Argentina

Se terminó de imprimir en Mundo Gráfico S.R.L., Zeballos 885,
Avellaneda, en junio de 2006.

Letras, palabras y oraciones
PARA JUGAR

¡Quiero conocerte! Aquí puedes dibujarte como eres.

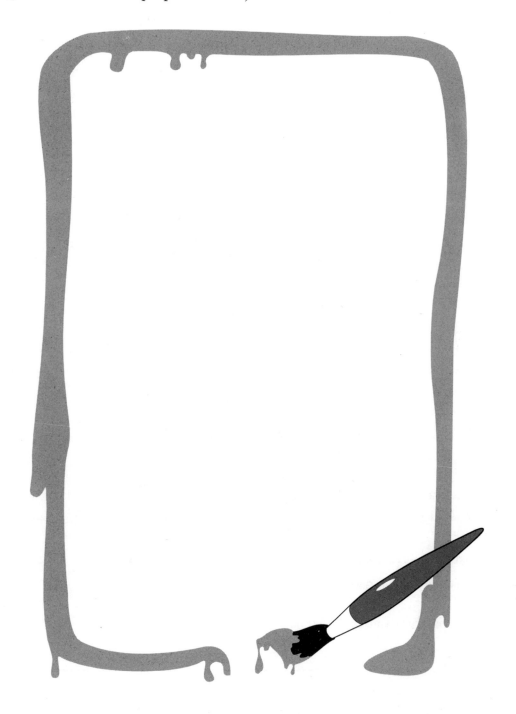

Y ahora, quiero saber cómo te llamas. ¿Puedes escribir tu nombre?

Actividad N°

Tu nombre es una palabra.
¿Quieres usar tu nombre en una oración?
Yo te ayudo:

Yo me llamo Sara.

Hacemos una cruz pequeña debajo de cada palabra de la oración.
Ahora, si quieres, escribe la misma oración, esta vez con tu nombre.

¿Probamos con otra? Aquí también deberás hacer una cruz pequeña debajo de cada palabra.

Sara toma sol en el mar.

¿Y si cuentas cuántas palabras tiene cada oración, me puedes decir cuál es la oración más larga?

Respuesta: --

¿Cuántas palabras tiene?

Respuesta: --

Actividad N°

¿Seguimos escribiendo palabras? Ahora, escribe los nombres de estos animalitos al lado de cada dibujo.

- - - - - - - - - - - - - - - - -

- - - - - - - - - - - - - - - - -

- - - - - - - - - - - - - - - - -

- - - - - - - - - - - - - - - - -

¿Cuál tiene el nombre más largo?

Respuesta: -

Y ahora… ¡al revés! Yo te muestro nombres de animales, y te pido que los dibujes.

Gato

Jirafa

¿Cuál es la palabra más corta de las dos?

Respuesta: --

¿Y cuál es la palabra más larga?

Respuesta: --

Actividad N° 3

Ahora vamos a jugar un poco con las letras. Lee atentamente estos nombres, de niñas y niños, y luego encierra en un círculo de color rojo la primera letra de cada uno y, con verde, la última.

Ana	**Julieta**	**Lucila**
Emilio	**Matías**	**Mariano**
Camila	**Carla**	**Candela**
Pablo	**Nicolás**	**José**

Ahora… ¿Quieres escribir…

…dos nombres que comiencen con la misma letra?

------------------------------------   ------------------------------------

…dos nombres que terminen con la misma letra?

------------------------------------   ------------------------------------

Hay nombres que empiezan o terminan con la misma letra. Algunos se parecen, otros no. Piensa, piensa… ¿Tienes algún amigo cuyo nombre comience con la misma letra que el tuyo? Si es así, escribe su nombre aquí abajo.

Sigue pensando… ¿Cuál de tus amigos tiene un nombre que comienza con una letra diferente al tuyo? Escribe su nombre aquí abajo.

Actividad Nº

Y ahora te propongo… ¡jugar con las vocales!
Yo te muestro algunos dibujos. Debajo de ellos he escrito sus nombres sin vocales. ¿Puedes escribirlas tú?

_ V _ S   M _ Ñ _ C _   Z _ P _ T _   V _ B _ R _

Ahora, dime: ¿Hay alguna vocal repetida en alguna de estas palabras?
¿Cuál es esa vocal?

Respuesta: --

¿Y cuál es la palabra en la que aparece repetida?

Respuesta: --

¡Jugamos con más palabras!
Escribe una palabra que comience con cada una de las vocales.

A ---

E ---

I ---

O ---

U ---

Actividad Nº 5

¡Te invito a jugar con las consonantes!

Yo te muestro algunos dibujos. Debajo de ellos he escrito sus nombres sin consonantes. ¿Puedes escribirlas tú?

_ U _ E   E _ _ O _ A   _ I _ I _ _ E _ A

Ahora, dime: ¿Hay alguna consonante repetida en alguna de estas palabras?
¿Cuál es esa consonante?

Respuesta: --

¿Y cuál es la palabra en la que aparece repetida?

Respuesta: --

Sílabas:
PARA APRENDER
Y JUGAR

¿Sabías que las palabras pueden separarse en partes, y que cada una de esas partes se llama SÍLABA?

La sílaba es cada golpe de voz con que se pronuncia una palabra.

Actividad Nº 6

Te invito a jugar con las sílabas y los nombres de animales. Te muestro los dibujos de algunos y te pido que escribas el nombre de cada uno, escribiendo cada sílaba sobre cada línea punteada.

Ahora, dime…: ¿Cuál es la sílaba que se repite en los siguientes nombres de animales?

Caballo   **Foca**   **Cabra**
Camaleón   **Caracol**   **Mosca**

Respuesta: ---

Actividad Nº 7

Te propongo buscar sílabas. ¿Qué tienes que hacer? ¡Es fácil! A cada una de las siguientes palabras le falta una sílaba al principio, en el medio o al final. Yo te doy tres opciones para que tú elijas la sílaba correcta y la escribas sobre las líneas.

CAM PA ___   **___ NA**   **MAN ___ NA**

PA NA CAM   **NA LU**   **ZA NA MAN**

Las vocales...
¡FORMAN SÍLABAS!

Las vocales son fonemas: sonidos que por sí mismos pueden formar sílabas y ¡hasta palabras!, algo que las consonantes no pueden hacer.

Veamos juntos algunos ejemplos, con las siguientes oraciones:

Siete u ocho.

Si separamos en sílabas, tenemos...

Sie – te   u   o – cho.

Ana e Irma.

Si separamos en sílabas, tenemos...

A – na   e   Ir – ma.

Ahora, observa lo que sucede cuando separas en sílabas las siguientes palabras.

Uno: U – no
Emilio: E – mi – lio
Agua: A – gua
Azucena: A – zu – ce – na

¿Te diste cuenta? En todos los casos, alguna de las sílabas está formada por una sola vocal.

Actividad Nº

Y ya que hablamos de sílabas, ¿por qué no nos ponemos a contar?

Lo que voy a pedirte es que cuentes cuántas sílabas tiene cada una de las palabras de los ejemplos anteriores (UNO • EMILIO • AGUA • AZUCENA) y que las escribas en el casillero correspondiente del siguiente cuadro, según el número de sílabas que tenga cada una.

2 sílabas	3 sílabas	4 sílabas

Pocas sílabas...
MUCHAS SÍLABAS

Te voy a contar algo muy importante: ¿Sabías que existe una clasificación de las palabras según la cantidad de sílabas que las forman?

Veamos algunos ejemplos:

Pez ————————→ 1 sílaba ————————→ **MONOSÍLABA**

Sapo ————————→ 2 sílabas ————————→ **BISÍLABA**

Conejo ————————→ 3 sílabas ————————→ **TRISÍLABA**

Elefante ————————→ 4 sílabas ————————→ **POLISÍLABA**

Murciélago ——→ 5 sílabas ————————→ **POLISÍLABA**

Las palabras que tienen 4 o más sílabas se llaman polisílabas.

Actividad N°

Vamos a practicar: en el cuadro que encontrarás a continuación, he indicado con flores la cantidad de sílabas que puede tener una palabra.

Las palabras que tienes que ubicar en cada columna, según su número de sílabas, son las siguientes:

LUZ • GOMA • TERRIBLE • SOL • LÁPIZ • TELA TRAMPOLÍN • SAL • CAMINO • ÁGUILA • BICICLETA TELESCOPIO

Sílaba tónica
Y SÍLABA ÁTONA

En todas las palabras hay una sílaba que se pronuncia con mayor fuerza, con mayor intensidad que el resto. Esta sílaba se llama…

SÍLABA TÓNICA

El resto de las sílabas de la palabra, aquellas que se pronuncian con menor intensidad, se llaman…

SÍLABAS ÁTONAS

Ahora bien, vamos a complicar un poco las cosas. Cuando pronunciamos con más fuerza determinada sílaba, es porque en ella está la ACENTUACIÓN de la palabra.

¿Y cómo se acentúa una palabra? Hablemos de acentos…

En algunos casos, sabemos cuál es la sílaba que se pronuncia con más intensidad en una palabra, pero no hay ninguna indicación "escrita", es decir, no vemos el acento. Este acento se llama…

ACENTO PROSÓDICO

Es el caso, por ejemplo, de las palabras:

Margen • Cama • Camino

Pero, en otros casos, arriba de una de las letras (siempre una vocal) que componen la sílaba más fuerte de una palabra aparece una rayita inclinada. Sabes cómo se llama, ¿verdad?

ACENTO ORTOGRÁFICO O TILDE

Es el caso, por ejemplo, de las palabras:

Té • Árbol • Fácil • Canción

Actividad N°

Lee en voz alta las siguientes palabras y piensa… ¿cuál es la sílaba que pronuncias con más intensidad? Encierra esa sílaba con un círculo de color rojo.

Café

Camisón

Margen

Salir

Último

Y ahora, encierra en un círculo de color verde las sílabas átonas.

Café

Camisón

Margen

Salir

Último

Agudas, graves Y ESDRÚJULAS

Ya sabes que todas las palabras tienen una de sus sílabas acentuada, con tilde o sin ella.

Según el lugar donde está el acento, las palabras se clasifican en cuatro grupos:

AGUDAS
Son aquellas cuya ÚLTIMA SÍLABA es tónica.

Por ejemplo:
CORRER
PURÉ

GRAVES
Son aquellas cuya PENÚLTIMA SÍLABA es tónica.

Por ejemplo:
SALIDA
DIFÍCIL

ESDRÚJULAS
Son aquellas cuya ANTEPENÚLTIMA SÍLABA es tónica.

Por ejemplo:
CÍRCULO
ÍNTIMO

SOBREESDRÚJULAS
Son aquellas en las que la sílaba tónica es alguna de las anteriores a la penúltima.

Por ejemplo:
DÍGAMELO
CÓMETELO

Actividad N°

Ahora que ya sabes más sobre sílabas, acentos y clases de palabras, ¿puedes ubicar las siguientes palabras en el cuadro?

SALÍ • SALIDA • CAMINO • ÚTIL • TIJERA
ÁGILMENTE • ANTES • SALIR • PÁGUESELO
MURCIÉLAGO

agudas	graves	esdrújulas	sobreesdrújulas

Y ahora, te voy a pedir que destaques cada una de estas palabras con un símbolo especial, según sean agudas, graves o esdrújulas.

Un ◯ para las agudas.

Un ▢ para las graves.

Un △ para las esdrújulas.

Antes	**Anteúltimo**	**Salir**
Murciélago	**Maní**	**Silla**
Azúcar	**Café**	

El lugar que ocupa
LA TILDE

Para colocar correctamente el acento ortográfico en las palabras es necesario que conozcas las reglas de acentuación.

Regla de acentuación
de PALABRAS AGUDAS

Las palabras agudas llevan tilde en la sílaba tónica cuando terminan en una VOCAL, o en N o S.

Actividad N°

A continuación te muestro una lista de palabras agudas. Algunas llevan tilde y otras no. ¿Podrías señalar con un círculo de color rojo la sílaba tónica de cada una de ellas?

Nariz	**Ciudad**	**Reloj**
Sillón	**Café**	**Bondad**

Algunas de las siguientes palabras llevan tilde, es decir, acento ortográfico, pero parece que estas tildes son traviesas y se han escapado. ¿Podrías colocarlas donde corresponde?

Oscar   **Ganador**   **Lapiz**

Mantel   **Peru**   **Corazon**

Y ahora, señala la palabra aguda en cada frase (ten en cuenta que puede o no tener tilde):

Mi amiga Sara me compró un regalo.

Yo vivo en esta ciudad.

Mi hermano tiene un reloj grande.

Ellos pasarán mañana a buscarme.

**Regla de acentuación
de PALABRAS GRAVES**

Las palabras graves llevan tilde en la sílaba tónica cuando terminan en consonante, excepto N o S. Es decir, al revés que las palabras agudas.

Actividad Nº

A continuación te muestro una lista de palabras graves. Algunas llevan tilde y otras no. ¿Podrías señalar con un círculo de color rojo la sílaba tónica de cada una de ellas?

Azúcar

Carta

Césped

Difícil

Lápiz

Algunas de las siguientes palabras llevan tilde, es decir, acento ortográfico, pero parece que estas tildes son traviesas y se han escapado. ¿Podrías colocarlas donde corresponde?

Anibal	**Martir**	**Ambar**
Ojos	**Sala**	**Joven**
Facil	**Lunes**	

Y ahora, señala la palabra grave en cada frase (ten en cuenta que puede o no tener tilde):

Iván usó un lápiz azul.

Llegó una persona a la casa.

Pablo cortó el césped.

Me gusta mucho el chocolate.

Héctor juega al fútbol.

Regla de acentuación
de **PALABRAS ESDRÚJULAS**
y **SOBREESDRÚJULAS**

Las palabras esdrújulas y sobreesdrújulas llevan tilde siempre.

ESDRÚJULAS	SOBREESDRÚJULAS
Simpático	Muéstremelo
Exámenes	Cuidándoselo
Último	Admítaselo
Artístico	Últimamente
Matemática	Rápidamente

Actividad Nº

Aquí tienes una lista de palabras esdrújulas y sobreesdrújulas. ¿Podrías subrayar las primeras con un color y las segundas, con otro?

Océano   Inútilmente   Atlántico

Pregúntaselo   Llévamelo   Tranquilízate

Exámenes   Neumático

Ahora, deberás ordenar las siguientes sílabas para formar palabras esdrújulas.

NA – BA – SÁ ---

DU – LA – CÉ ---

DO – GI – RÍ ---

LI – SÓ – DO ---

PI – DO – RÁ ---

Y ahora...
¡EL EXAMEN!

Bien, bien, bien… hemos llegado juntos al final de este libro. Si quieres, puedes detenerte aquí; pero si deseas averiguar cuánto has aprendido, te presento un breve examen para que lo puedas comprobar. ¿Comenzamos?

1) Marca con una cruz la opción correcta:
¿Cuál es la sílaba tónica en las palabras agudas?

☐ a) La última sílaba.

☐ b) La penúltima sílaba.

☐ c) La antepenúltima sílaba.

☐ d) Sílabas anteriores a la antepenúltima.

2) Marca con una cruz la opción correcta (puede haber más de una):
¿Qué palabra/s es/son aguda/s?

☐ a) Escritorio.

☐ b) Último.

☐ c) Anís.

☐ d) Árbol.

☐ e) Reloj.

3) Marca con una cruz la opción correcta:
¿Cuándo llevan tilde las palabras agudas?

☐ a) Cuando terminan en consonante distinta de N o S.

☐ b) Cuando terminan en vocal, en N o en S.

☐ c) Siempre.

4) Marca con una cruz la opción correcta:
¿Cuál es la sílaba tónica en las palabras graves?

☐ a) La última sílaba.

☐ b) La penúltima sílaba.

☐ c) La antepenúltima sílaba.

☐ d) Las sílabas anteriores a la antepenúltima.

5) Marca con una cruz la opción correcta (puede haber más de una):
¿Qué palabra/s es/son grave/s?

☐ a) Canción.

☐ b) América

☐ c) Estilo.

☐ d) Útil.

☐ e) Salud.

6) Marca con una cruz la opción correcta:
¿Cuándo llevan tilde las palabras graves?

☐ a) Siempre.

☐ b) Cuando terminan en consonante distinta de N o S.

☐ c) Cuando terminan en vocal, N o S.

7) Marca con una cruz la opción correcta:
¿Cuál es la sílaba tónica en las palabras esdrújulas?

☐ a) La última sílaba.

☐ b) La penúltima sílaba.

☐ c) La antepenúltima sílaba.

☐ d) Las sílabas anteriores a la antepenúltima sílaba.

8) Marca con una cruz la opción correcta (puede haber más de una):
¿Qué palabras son esdrújulas?

☐ a) Rápido.

☐ b) Expresión.

☐ c) Célula.

☐ d) Ayuda.

9) Marca con una cruz la opción correcta:
¿Cuándo llevan tilde las palabras esdrújulas?

☐ a) Cuando terminan en vocal, N o S.

☐ b) Siempre.

☐ c) Cuando terminan en consonante distinta de N o S.

10) Marca con una cruz la opción correcta:
¿Cuál es la sílaba tónica en las palabras sobreesdrújulas?

☐ a) La antepenúltima sílaba.

☐ b) La última sílaba.

☐ c) Una sílaba anterior a la antepenúltima sílaba.

☐ d) La penúltima sílaba.

11) Marca con una cruz la opción correcta (puede haber más de una):
¿Qué palabra/s es/son sobreesdrújula/s?

☐ a) Últimamente.

☐ b) Fácil.

☐ c) Abril.

☐ d) Lunes.

☐ e) Remítaselo.

12) Marca con una cruz la opción correcta:
¿Cuándo llevan tilde las palabras sobreesdrújulas?

☐ a) Cuando terminan en consonante distinta de N o S.

☐ b) Cuando terminan en vocal, N o S.

☐ c) Siempre.

Respuestas
Y SOLUCIONES

Página 4
Actividad Nº 1

La oración más larga es "Sara toma sol en el mar", y tiene seis palabras.

Página 5
Actividad Nº 2

Los nombres de los animales son los siguientes:

 PEZ   **TIGRE**   **OSO**   **ELEFANTE**

El que tiene el nombre más largo es el ELEFANTE.

Página 6

Entre GATO y JIRAFA, la palabra más corta es GATO; la más larga, JIRAFA.

Actividad Nº 3

Ⓐna   Ⓙulieta   Ⓛucila
Ⓔmilio   Ⓜatías   Ⓜariano
Ⓒamila   Ⓒarla   Ⓒandela
Ⓟablo   Ⓝicolás   Ⓙosé

Página 7
Actividad Nº 4

 **UVAS**   **MUÑECA**   **ZAPATO**   **VÍBORA**

La vocal que se repite es la A, en la palabra ZAPATO.

Página 8
Actividad N° 5

 NUBE **ESCOBA** **BICICLETA**

La consonante que se repite es la C, en la palabra BICICLETA.

Página 9
Actividad N° 6

 CA-BA-LLO   **A-RA-ÑA**

 VA-CA   **CO-CO-DRI-LO**

Página 10

La sílaba que se repite en los nombres de los animales es CA.

Actividad N° 7

 CAM-PA-NA **LU-NA** **MAN-ZA-NA**

Página 12
Actividad N° 8

2 sílabas	3 sílabas	4 sílabas
UNO	EMILIO	AZUCENA
AGUA		

Página 13
Actividad N° 9

LUZ	GOMA	TERRIBLE	BICICLETA
SOL	LÁPIZ	TRAMPOLÍN	TELESCOPIO
SAL	TELA	CAMINO	
		ÁGUILA	

Página 16
Actividad N° 10

Las sílabas tónicas son las siguientes:

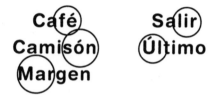

Café	Salir
Camisón	Último
Margen

Las sílabas átonas son las siguientes:

Café	Salir
Camisón	Último
Margen

Página 18
Actividad N° 11

agudas	graves	esdrújulas	sobreesdrújulas
SALÍ	SALIDA	MURCIÉLAGO	ÁGILMENTE
SALIR	CAMINO		PÁGUESELO
	ÚTIL		
	TIJERA		
	ANTES		

Antes □   Anteúltimo △   Salir ○

Murciélago △   Maní ○   Silla □

Azúcar □   Café ○

Página 19
Actividad N° 12

Nariz   Ciudad   Reloj

Sillón   Café   Bondad

Página 20

Perú • Lápiz • Corazón

Mi amiga Sara me <u>compró</u> un regalo.
Yo vivo en esta <u>ciudad</u>.
Mi hermano tiene un <u>reloj</u> grande.
Ellos <u>pasarán</u> mañana a buscarme.

Actividad N° 13

Azúcar   Césped   Lápiz

Carta   Difícil

Página 21

Aníbal • Fácil • Mártir • Ámbar

Iván usó un <u>lápiz</u> azul.
Llegó <u>una</u> <u>persona</u> a la <u>casa</u>.
<u>Pablo</u> cortó el <u>césped</u>.
Me <u>gusta</u> <u>mucho</u> el <u>chocolate</u>.
<u>Héctor</u> <u>juega</u> al <u>fútbol</u>.

Página 22
Actividad N° 14

Las palabras esdrújulas son:

Océano • Exámenes • Neumático • Atlántico • Tranquilízate

Las palabras sobreesdrújulas son:

Pregúntaselo • Inútilmente • Llévamelo

Página 23

SÁBANA • CÉDULA • RÍGIDO • SÓLIDO • RÁPIDO

Página 24
Respuestas al examen

1)
La opción correcta es la A.

2)
Las opciones correctas son C y E.

3)
La opción correcta es la B.

4)
La opción correcta es la B.

5)
Las opciones correctas son C y D.

6)
La opción correcta es la B.

7)
La opción correcta es la C.

8)
Las opciones correctas son A y C.

9)
La opción correcta es la B.

10)
La opción correcta es la C.

11)
Las opciones correctas son A y E.

12)
La opción correcta es la C.

ÍNDICE